Date: _____
Time: _____
Location: _____
Weather: _____
Wind: _____
Distance: _____
Firearm: _____
Bullet: _____
Grains: _____
Powder: _____

Notes: _____
_____
_____
_____
_____
_____
_____
_____

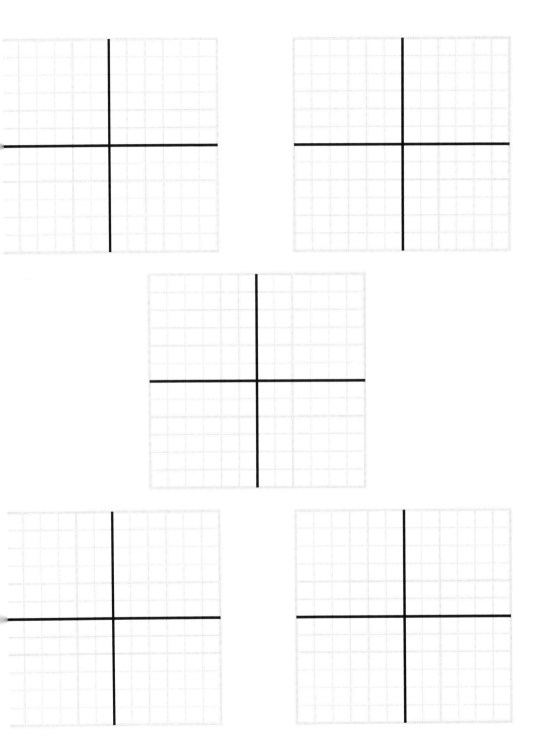

Date: _____

Time: _____

Location: _____

Weather: _____

Wind: _____

Distance: _____

Firearm: _____

Bullet: _____

Grains: _____

Powder: _____

Notes: _____

_____

_____

_____

_____

_____

_____

_____

Date: _____
Time: _____
Location: _____
Weather: _____
Wind: _____
Distance: _____
Firearm: _____
Bullet: _____
Grains: _____
Powder: _____

Notes: _____
_____
_____
_____
_____
_____
_____
_____

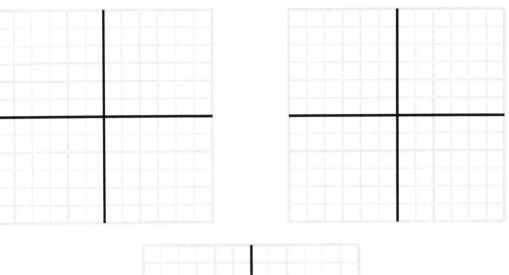

Date: _____
Time: _____
Location: _____
Weather: _____
Wind: _____
Distance: _____
Firearm: _____
Bullet: _____
Grains: _____
Powder: _____

Notes: _____

_____

_____

_____

_____

_____

_____

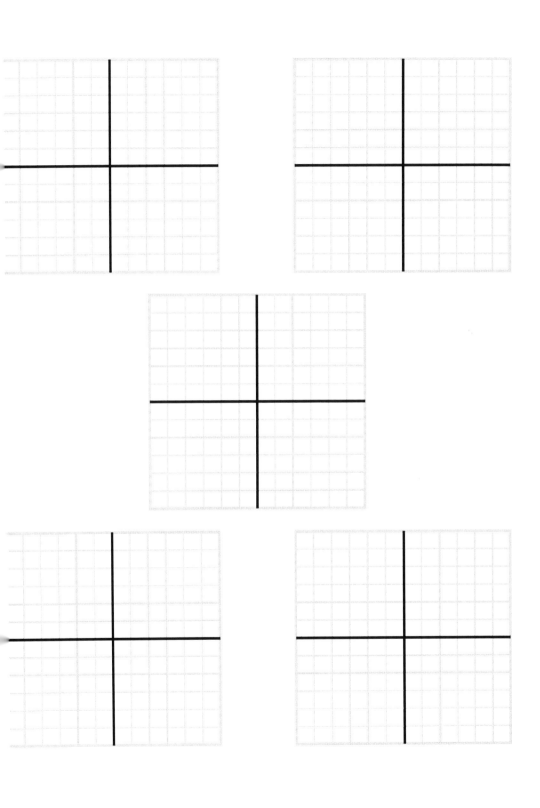

Date: _____

Time: _____

Location: _____

Weather: _____

Wind: _____

Distance: _____

Firearm: _____

Bullet: _____

Grains: _____

Powder: _____

Notes: _____

_____

_____

_____

_____

_____

_____

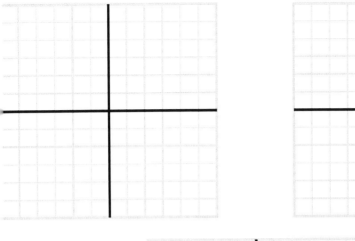

Date: _____
Time: _____
Location: _____
Weather: _____
Wind: _____
Distance: _____
Firearm: _____
Bullet: _____
Grains: _____
Powder: _____

Notes: _____

_____

_____

_____

_____

_____

_____

Date: _____
Time: _____
Location: _____
Weather: _____
Wind: _____
Distance: _____
Firearm: _____
Bullet: _____
Grains: _____
Powder: _____

Notes: _____
_____
_____
_____
_____
_____
_____
_____

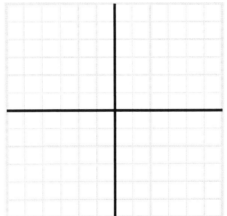

Date:_____
Time:_____
Location:_____
Weather:_____
Wind:_____
Distance:_____
Firearm:_____
Bullet:_____
Grains:_____
Powder:_____

Notes:_____

_____
_____
_____
_____
_____
_____

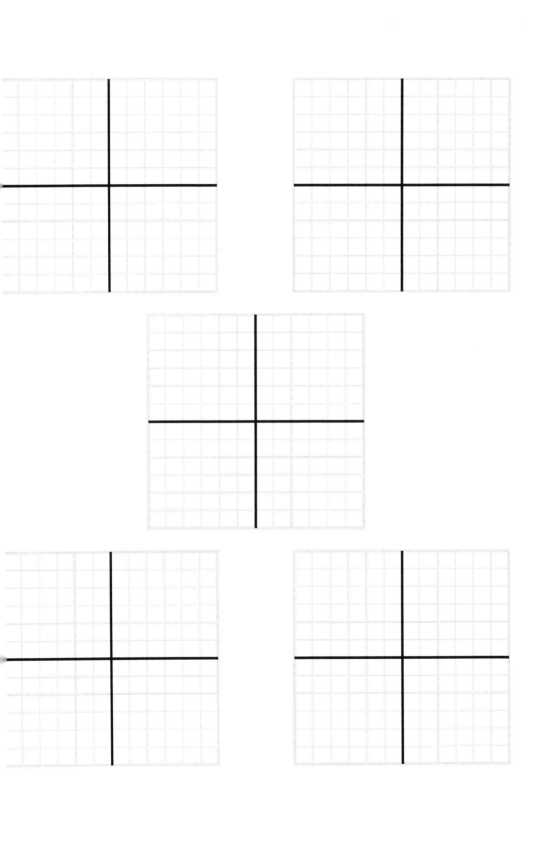

Date:_____
Time:_____
Location:_____
Weather:_____
Wind:_____
Distance:_____
Firearm:_____
Bullet:_____
Grains:_____
Powder:_____

Notes:_____

_____

_____

_____

_____

_____

_____

_____

Date: _____
Time: _____
Location: _____
Weather: _____
Wind: _____
Distance: _____
Firearm: _____
Bullet: _____
Grains: _____
Powder: _____

Notes: _____

_____

_____

_____

_____

_____

_____

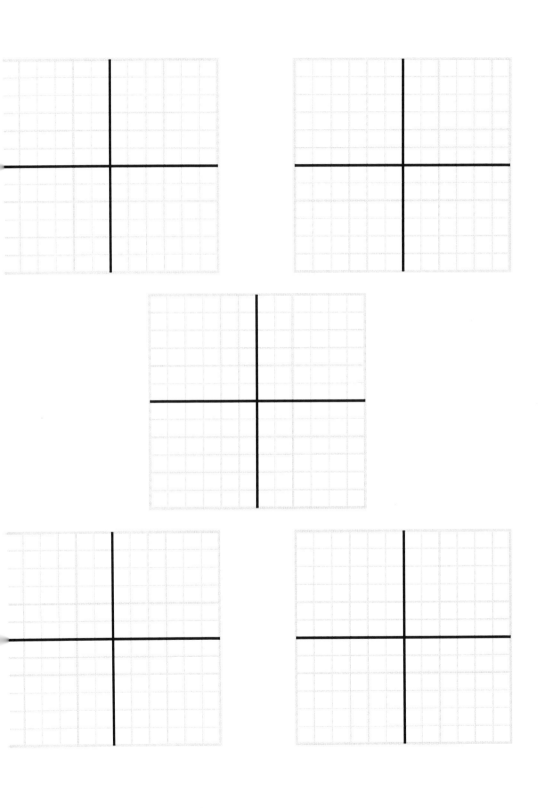

Date: _____
Time: _____
Location: _____
Weather: _____
Wind: _____
Distance: _____
Firearm: _____
Bullet: _____
Grains: _____
Powder: _____

Notes: _____
_____
_____
_____
_____
_____
_____
_____

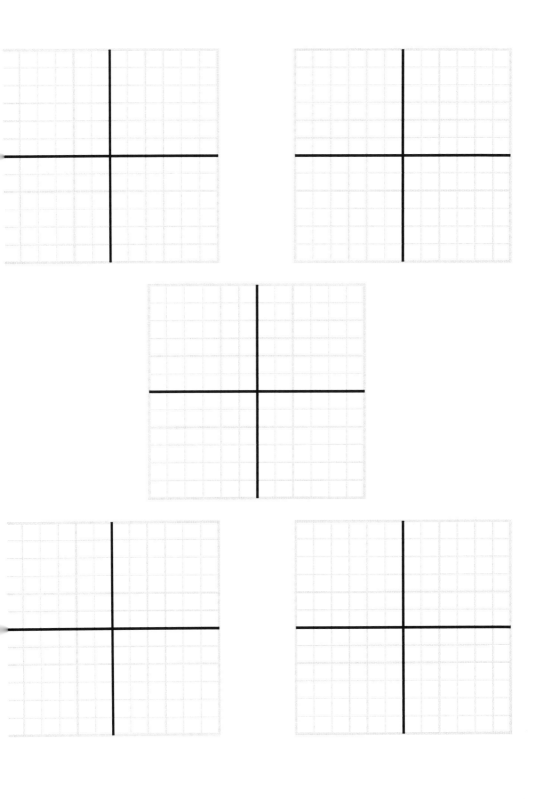

Date:_____
Time:_____
Location:_____
Weather:_____
Wind:_____
Distance:_____
Firearm:_____
Bullet:_____
Grains:_____
Powder:_____

Notes:_____
_____
_____
_____
_____
_____

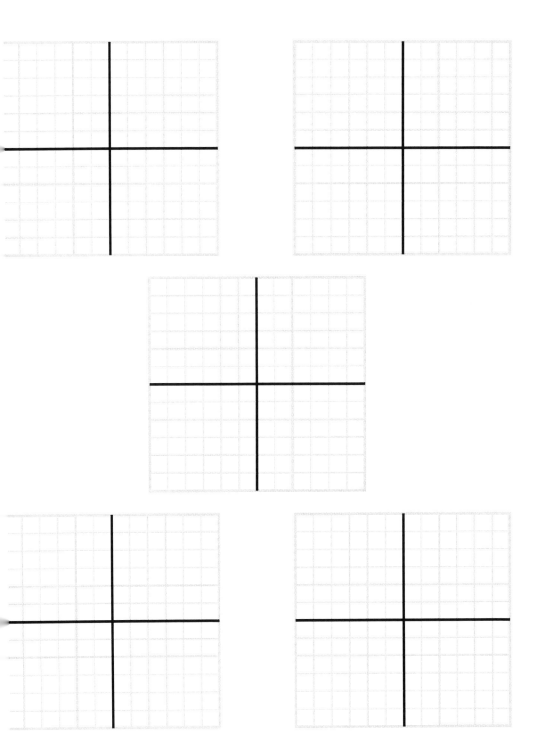

Date:_____
Time:_____
Location:_____
Weather:_____
Wind:_____
Distance:_____
Firearm:_____
Bullet:_____
Grains:_____
Powder:_____

Notes:_____
_____
_____
_____
_____
_____
_____
_____

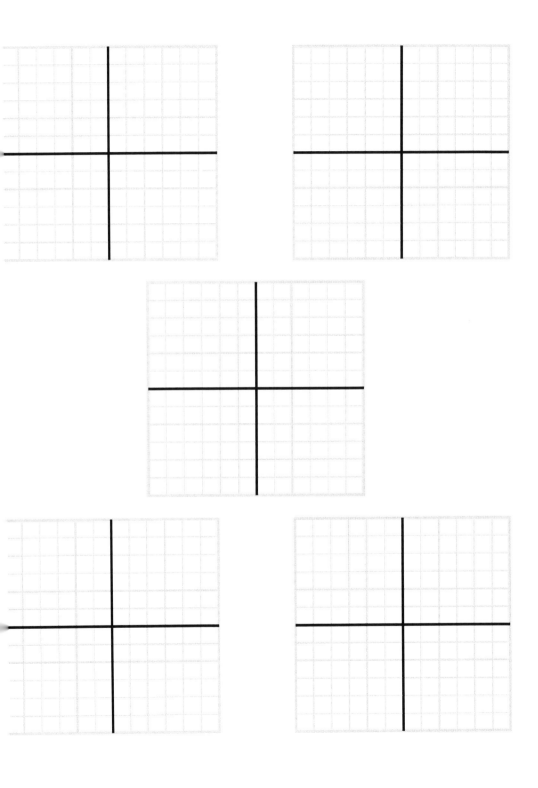

Date: _____
Time: _____
Location: _____
Weather: _____
Wind: _____
Distance: _____
Firearm: _____
Bullet: _____
Grains: _____
Powder: _____

Notes: _____
_____
_____
_____
_____
_____
_____
_____

Date: _____
Time: _____
Location: _____
Weather: _____
Wind: _____
Distance: _____
Firearm: _____
Bullet: _____
Grains: _____
Powder: _____

Notes: _____

_____
_____
_____
_____
_____
_____
_____

Date: _____
Time: _____
Location: _____
Weather: _____
Wind: _____
Distance: _____
Firearm: _____
Bullet: _____
Grains: _____
Powder: _____

Notes: _____
_____
_____
_____
_____
_____
_____
_____

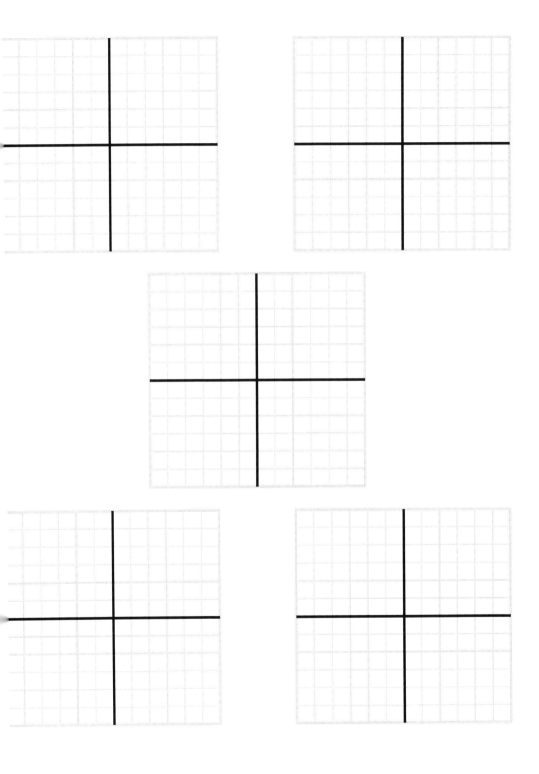

Date: _____
Time: _____
Location: _____
Weather: _____
Wind: _____
Distance: _____
Firearm: _____
Bullet: _____
Grains: _____
Powder: _____

Notes: _____

_____

_____

_____

_____

_____

_____

Date: _____
Time: _____
Location: _____
Weather: _____
Wind: _____
Distance: _____
Firearm: _____
Bullet: _____
Grains: _____
Powder: _____

Notes: _____
_____
_____
_____
_____
_____
_____

Date:_____
Time:_____
Location:_____
Weather:_____
Wind:_____
Distance:_____
Firearm:_____
Bullet:_____
Grains:_____
Powder:_____

Notes:_____

_____

_____

_____

_____

_____

_____

_____

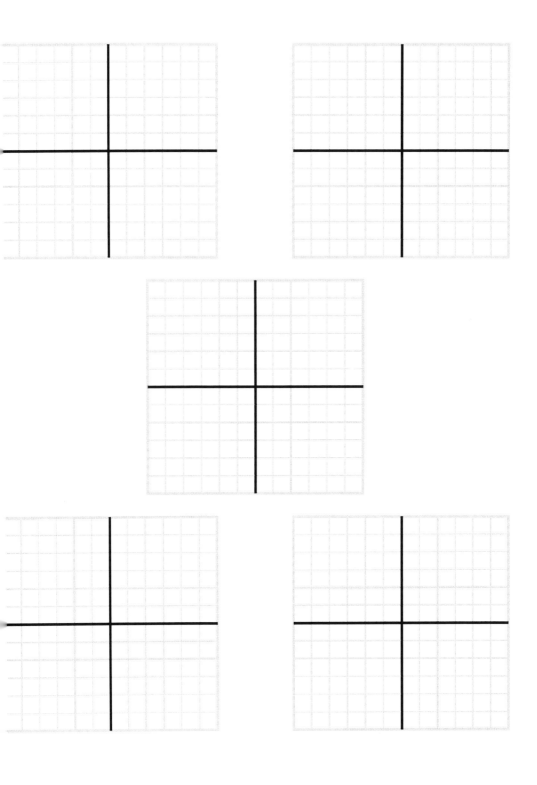

Date: _____
Time: _____
Location: _____
Weather: _____
Wind: _____
Distance: _____
Firearm: _____
Bullet: _____
Grains: _____
Powder: _____

Notes: _____
_____
_____
_____
_____
_____
_____

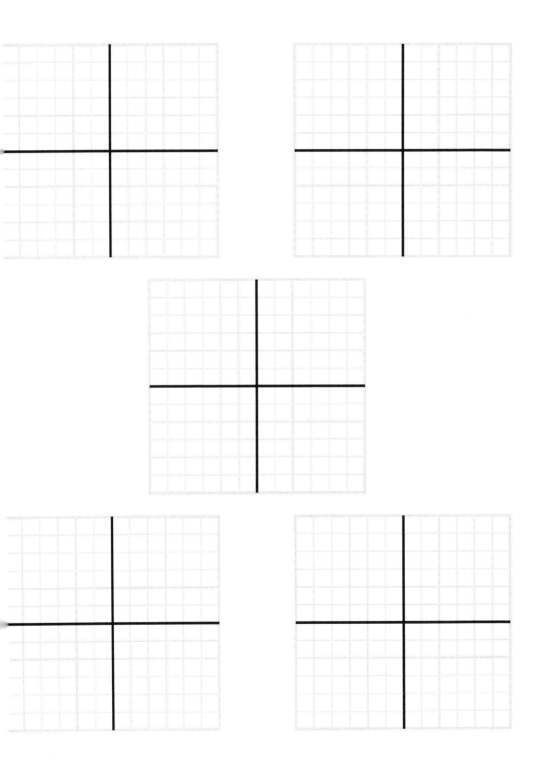

Date: _____
Time: _____
Location: _____
Weather: _____
Wind: _____
Distance: _____
Firearm: _____
Bullet: _____
Grains: _____
Powder: _____

Notes: _____

_____

_____

_____

_____

_____

_____

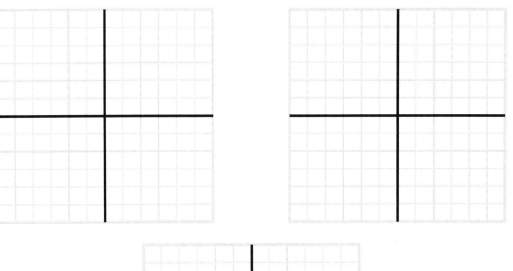
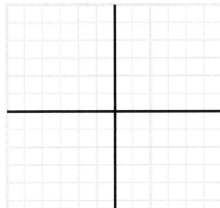
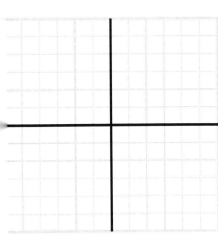

Date: _____
Time: _____
Location: _____
Weather: _____
Wind: _____
Distance: _____
Firearm: _____
Bullet: _____
Grains: _____
Powder: _____

Notes: _____

_____
_____
_____
_____
_____
_____

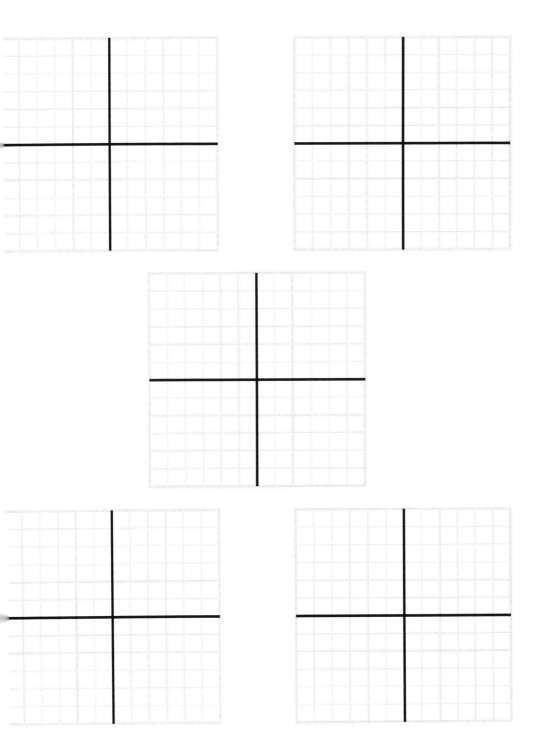

Date: _____
Time: _____
Location: _____
Weather: _____
Wind: _____
Distance: _____
Firearm: _____
Bullet: _____
Grains: _____
Powder: _____

Notes: _____

_____

_____

_____

_____

_____

_____

_____

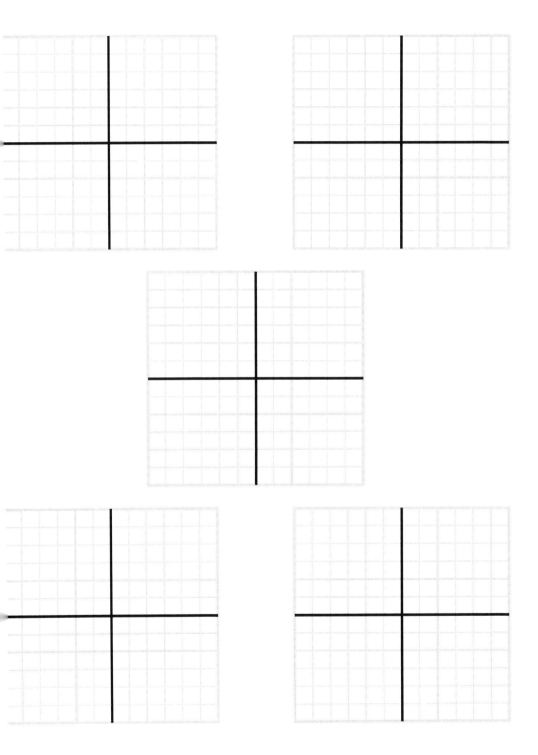

Date: _____
Time: _____
Location: _____
Weather: _____
Wind: _____
Distance: _____
Firearm: _____
Bullet: _____
Grains: _____
Powder: _____

Notes: _____

_____

_____

_____

_____

_____

_____

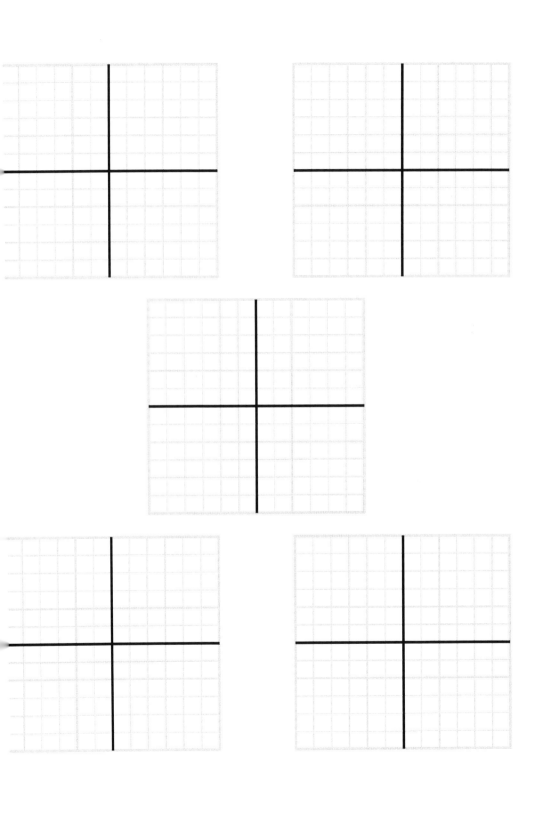

Date:_____
Time:_____
Location:_____
Weather:_____
Wind:_____
Distance:_____
Firearm:_____
Bullet:_____
Grains:_____
Powder:_____

Notes:_____

_____
_____
_____
_____
_____
_____

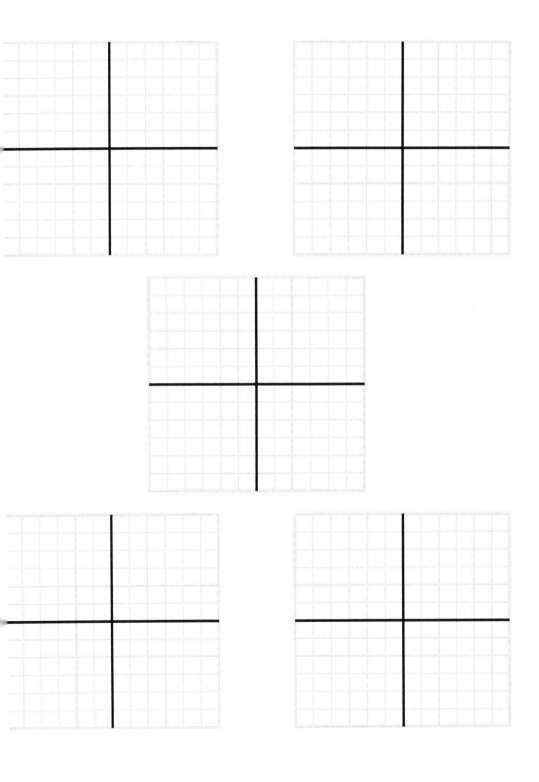

Date: _____
Time: _____
Location: _____
Weather: _____
Wind: _____
Distance: _____
Firearm: _____
Bullet: _____
Grains: _____
Powder: _____

Notes: _____

_____

_____

_____

_____

_____

_____

_____

Date: _____
Time: _____
Location: _____
Weather: _____
Wind: _____
Distance: _____
Firearm: _____
Bullet: _____
Grains: _____
Powder: _____

Notes: _____

_____
_____
_____
_____
_____
_____
_____

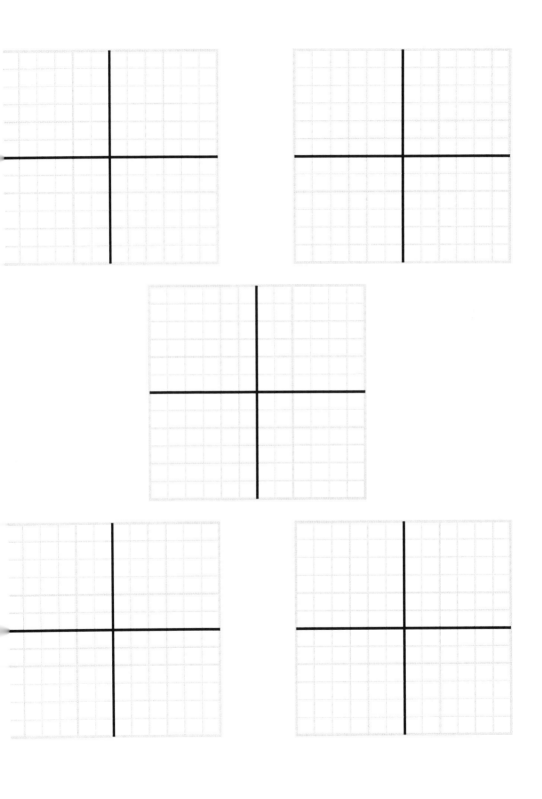

Date: _____
Time: _____
Location: _____
Weather: _____
Wind: _____
Distance: _____
Firearm: _____
Bullet: _____
Grains: _____
Powder: _____

Notes: _____
_____
_____
_____
_____
_____
_____

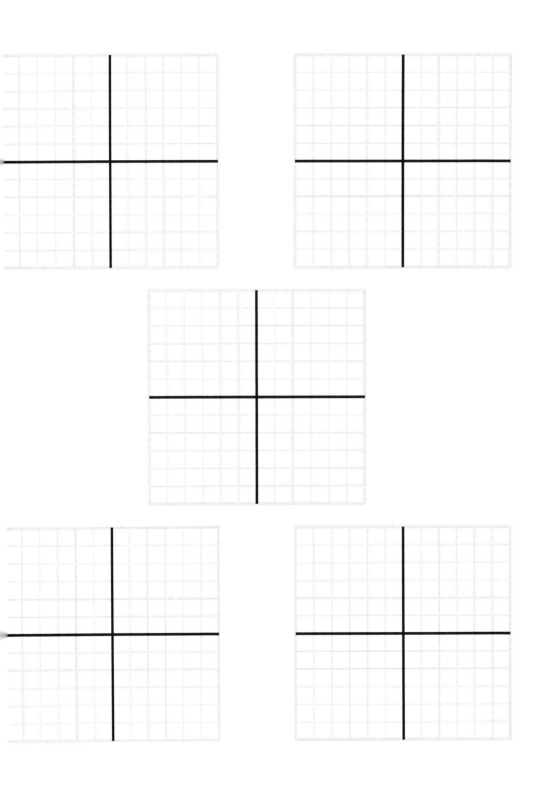

Date: _____
Time: _____
Location: _____
Weather: _____
Wind: _____
Distance: _____
Firearm: _____
Bullet: _____
Grains: _____
Powder: _____

Notes: _____

_____
_____
_____
_____
_____
_____

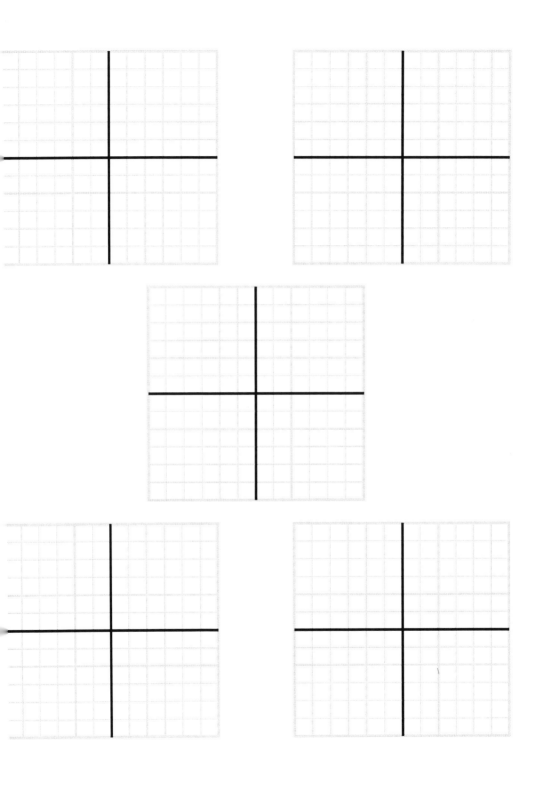

Date: _____
Time: _____
Location: _____
Weather: _____
Wind: _____
Distance: _____
Firearm: _____
Bullet: _____
Grains: _____
Powder: _____

Notes: _____
_____
_____
_____
_____
_____
_____
_____

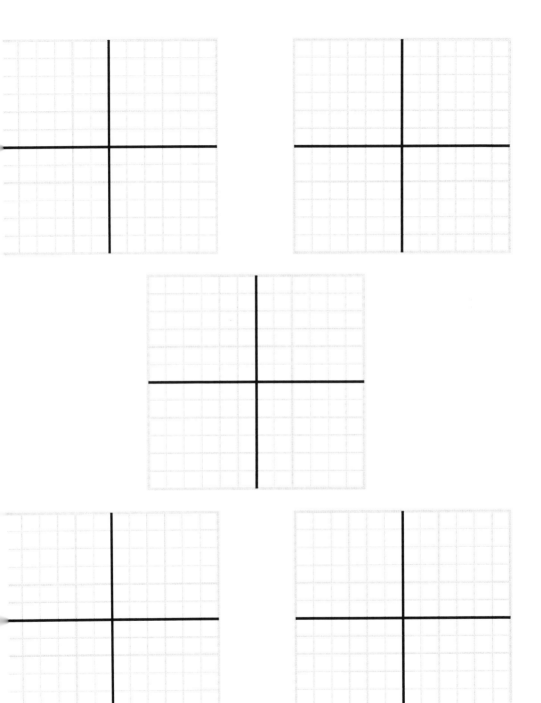

Date: _____
Time: _____
Location: _____
Weather: _____
Wind: _____
Distance: _____
Firearm: _____
Bullet: _____
Grains: _____
Powder: _____

Notes: _____

_____

_____

_____

_____

_____

_____

_____

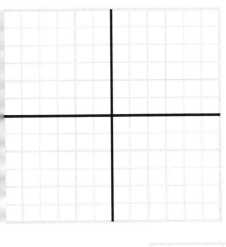

Date:_____
Time:_____
Location:_____
Weather:_____
Wind:_____
Distance:_____
Firearm:_____
Bullet:_____
Grains:_____
Powder:_____

Notes:_____
_____
_____
_____
_____
_____
_____
_____

Date:_____
Time:_____
Location:_____
Weather:_____
Wind:_____
Distance:_____
Firearm:_____
Bullet:_____
Grains:_____
Powder:_____

Notes:_____

_____
_____
_____
_____
_____
_____
_____

Date: _____
Time: _____
Location: _____
Weather: _____
Wind: _____
Distance: _____
Firearm: _____
Bullet: _____
Grains: _____
Powder: _____

Notes: _____

_____
_____
_____
_____
_____
_____
_____

Date:_____
Time:_____
Location:_____
Weather:_____
Wind:_____
Distance:_____
Firearm:_____
Bullet:_____
Grains:_____
Powder:_____

Notes:_____
_____
_____
_____
_____
_____
_____
_____

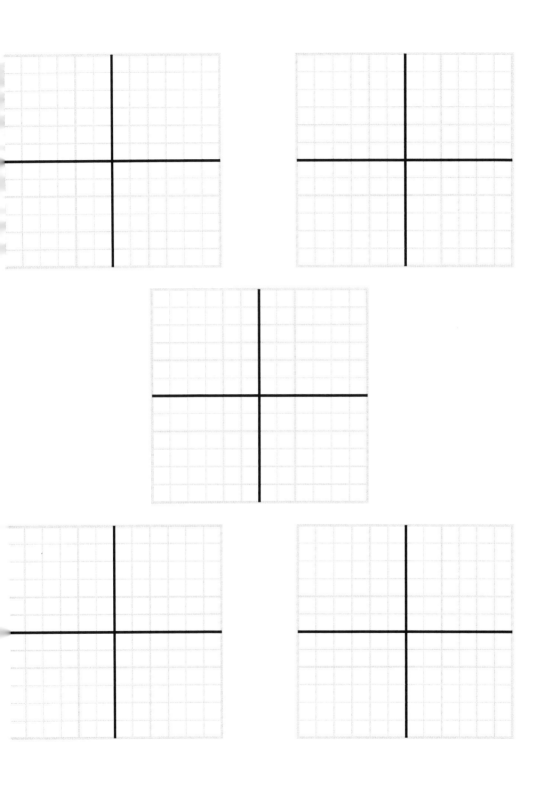

Date: _____
Time: _____
Location: _____
Weather: _____
Wind: _____
Distance: _____
Firearm: _____
Bullet: _____
Grains: _____
Powder: _____

Notes: _____

_____

_____

_____

_____

_____

_____

Date:_____
Time:_____
Location:_____
Weather:_____
Wind:_____
Distance:_____
Firearm:_____
Bullet:_____
Grains:_____
Powder:_____

Notes:_____

_____

_____

_____

_____

_____

_____

Date: _____
Time: _____
Location: _____
Weather: _____
Wind: _____
Distance: _____
Firearm: _____
Bullet: _____
Grains: _____
Powder: _____

Notes: _____

_____
_____
_____
_____
_____
_____
_____

Date: _____
Time: _____
Location: _____
Weather: _____
Wind: _____
Distance: _____
Firearm: _____
Bullet: _____
Grains: _____
Powder: _____

Notes: _____

_____
_____
_____
_____
_____
_____
_____

Date: _____
Time: _____
Location: _____
Weather: _____
Wind: _____
Distance: _____
Firearm: _____
Bullet: _____
Grains: _____
Powder: _____

Notes: _____
_____
_____
_____
_____
_____
_____
_____

Date: _____
Time: _____
Location: _____
Weather: _____
Wind: _____
Distance: _____
Firearm: _____
Bullet: _____
Grains: _____
Powder: _____

Notes: _____
_____
_____
_____
_____
_____
_____
_____

Date: _____
Time: _____
Location: _____
Weather: _____
Wind: _____
Distance: _____
Firearm: _____
Bullet: _____
Grains: _____
Powder: _____

Notes: _____
_____
_____
_____
_____
_____
_____
_____

Date:
Time:
Location:
Weather:
Wind:
Distance:
Firearm:
Bullet:
Grains:
Powder:

Notes:

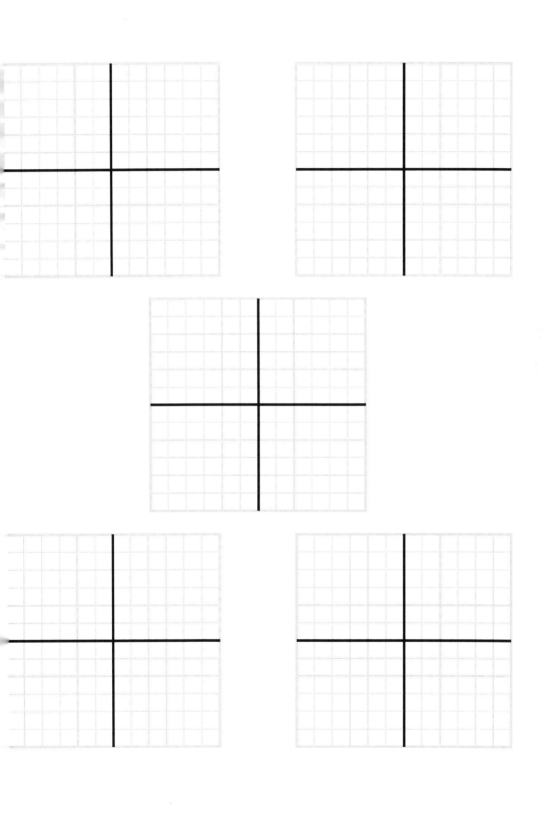

Date: _____
Time: _____
Location: _____
Weather: _____
Wind: _____
Distance: _____
Firearm: _____
Bullet: _____
Grains: _____
Powder: _____

Notes: _____

_____
_____
_____
_____
_____
_____
_____

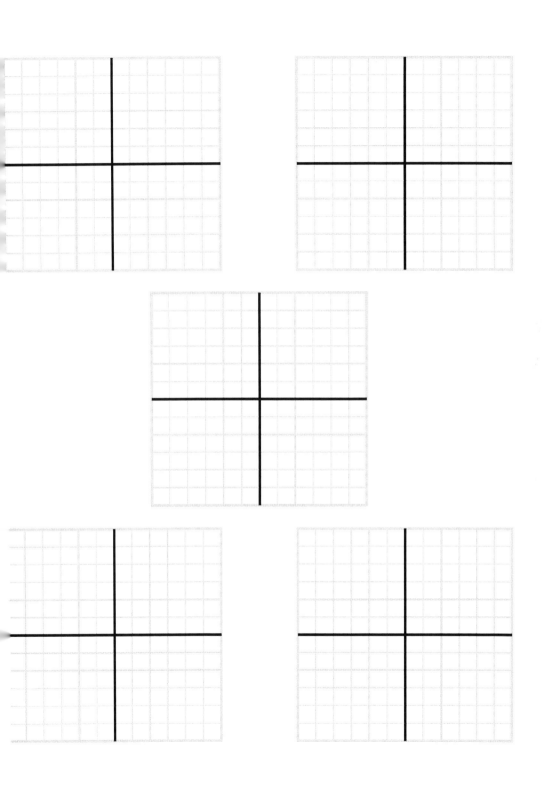

Date: _____
Time: _____
Location: _____
Weather: _____
Wind: _____
Distance: _____
Firearm: _____
Bullet: _____
Grains: _____
Powder: _____

Notes: _____
_____
_____
_____
_____
_____
_____
_____

Date: _____
Time: _____
Location: _____
Weather: _____
Wind: _____
Distance: _____
Firearm: _____
Bullet: _____
Grains: _____
Powder: _____

Notes: _____

_____
_____
_____
_____
_____
_____

Date: _____
Time: _____
Location: _____
Weather: _____
Wind: _____
Distance: _____
Firearm: _____
Bullet: _____
Grains: _____
Powder: _____

Notes: _____
_____
_____
_____
_____
_____
_____
_____

Date: _____
Time: _____
Location: _____
Weather: _____
Wind: _____
Distance: _____
Firearm: _____
Bullet: _____
Grains: _____
Powder: _____

Notes: _____

_____
_____
_____
_____
_____
_____
_____

Date: _____
Time: _____
Location: _____
Weather: _____
Wind: _____
Distance: _____
Firearm: _____
Bullet: _____
Grains: _____
Powder: _____

Notes: _____

_____

_____

_____

_____

_____

_____

Date: _____
Time: _____
Location: _____
Weather: _____
Wind: _____
Distance: _____
Firearm: _____
Bullet: _____
Grains: _____
Powder: _____

Notes: _____

_____

_____

_____

_____

_____

_____

_____

Date: _____
Time: _____
Location: _____
Weather: _____
Wind: _____
Distance: _____
Firearm: _____
Bullet: _____
Grains: _____
Powder: _____

Notes: _____
_____
_____
_____
_____
_____
_____
_____

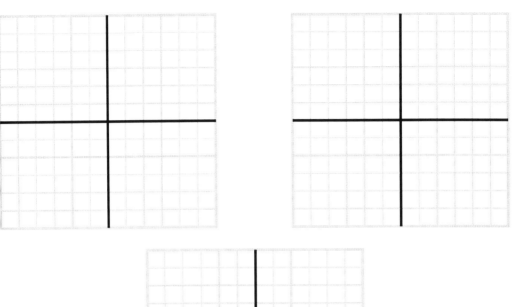
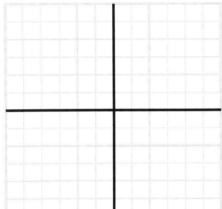

Date:_____
Time:_____
Location:_____
Weather:_____
Wind:_____
Distance:_____
Firearm:_____
Bullet:_____
Grains:_____
Powder:_____

Notes:_____
_____
_____
_____
_____
_____
_____
_____

Date:_____
Time:_____
Location:_____
Weather:_____
Wind:_____
Distance:_____
Firearm:_____
Bullet:_____
Grains:_____
Powder:_____

Notes:_____

_____
_____
_____
_____
_____
_____
_____

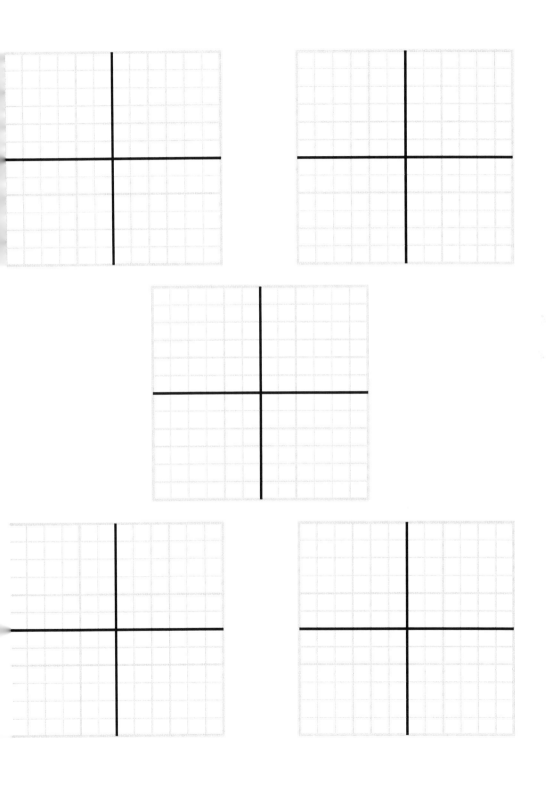

Date: _____
Time: _____
Location: _____
Weather: _____
Wind: _____
Distance: _____
Firearm: _____
Bullet: _____
Grains: _____
Powder: _____

Notes: _____

_____
_____
_____
_____
_____
_____
_____

Date: _____
Time: _____
Location: _____
Weather: _____
Wind: _____
Distance: _____
Firearm: _____
Bullet: _____
Grains: _____
Powder: _____

Notes: _____
_____
_____
_____
_____
_____
_____
_____

Date: _____
Time: _____
Location: _____
Weather: _____
Wind: _____
Distance: _____
Firearm: _____
Bullet: _____
Grains: _____
Powder: _____

Notes: _____

_____
_____
_____
_____
_____
_____
_____

Date: _____

Time: _____

Location: _____

Weather: _____

Wind: _____

Distance: _____

Firearm: _____

Bullet: _____

Grains: _____

Powder: _____

Notes: _____

_____

_____

_____

_____

_____

_____

Date:
Time:
Location:
Weather:
Wind:
Distance:
Firearm:
Bullet:
Grains:
Powder:

Notes:

Date: _____

Time: _____

Location: _____

Weather: _____

Wind: _____

Distance: _____

Firearm: _____

Bullet: _____

Grains: _____

Powder: _____

Notes: _____

_____

_____

_____

_____

_____

_____

Date: _____
Time: _____
Location: _____
Weather: _____
Wind: _____
Distance: _____
Firearm: _____
Bullet: _____
Grains: _____
Powder: _____

Notes: _____
_____
_____
_____
_____
_____
_____
_____

Made in the USA
Middletown, DE
19 June 2019